佛光之美

攝 影 集

# 《佛光之美》序
## ——化剎那為永恆

　　佛光山自開山以來，因應各種弘法度眾的需求，我總要求徒眾至少要有三張執照，不論是教理性的講經、說法、開示、上課⋯⋯，技術性的語文、廚藝、園藝、開車、網路，藝文性的展覽、音樂、寫作、繪畫、手藝等，務必讓自己具足人間佛教弘法的基礎，甚至慈悲、柔軟、勇敢、承擔、耐煩等，更是出家人應該養成的專長。

　　有些徒眾在進入佛光山僧團之前，已經具備專業技術，佛學院畢業後，馬上就能發揮所長；有些則是從零開始，一步一腳印累積經驗、漸有所成，這本《佛光之美》的攝影者慧延，就屬後者。

　　慧延早前擔任過佛光山資訊中心副主任，當時網路系統尚未普及，他銜命建設：要解決機器、管路問題，協助不熟悉電腦操作者的疑問、說明資訊化、未來性，種種細節不一而足，他都耐心一一為之釋疑。

　　我從中知道慧延個性踏實，在意會到圖像化的年代來臨，佛光山需要培養攝影人才，便讓他來參與攝影。各種活動場合，所有參加的人，行進只要一回合，攝影的人為了取景，前前後後不知要跑幾趟：為搶畫面擠到最前面、為拍全景爬到最高點、為顧全局前後四方繞幾遍。眾人夏天撐傘、冬天戴帽、躲雨、避風，攝影的人卻都是五公斤起跳的機器配備。在這一點上，慧延頗能吃苦耐勞，一次次留下歷史畫面。

　　二十年來，慧延不負所望，不僅在攝影技術的領域裡精益求精，甚至運用現代儀器，快速將照片列印出來送到客人手上。常常客人和我才拍過照，會談不過十分鐘，照片就送到了。我雖然視力模糊，但從客人拿到照片的驚歎聲，可以想見他們臉上的笑容必然燦爛，這不就是「給人歡喜」的具體呈現嗎！記得有一次，大陸某位領導來訪，走完半天行程，即將告辭之時，慧延已經做好一本完整的參訪紀錄。效率之快，使得那位首長吩咐隨行下屬，必須將這套做事方法學回去。

　　現在，慧延即將出版攝影集，這是他從二十年的經驗和作品所選出來，內容記錄佛光山殿堂之神聖，佛像之莊嚴，活動之殊勝，四時之景緻。見證了佛陀紀念館從無到有，大至空拍全景如釋迦牟尼佛觸地放光淨土再現，小至黃花翠竹開謝之間彷彿隨機說法。尤其春節期間「光照大千」的絢爛煙火，在慧延的鏡頭下，化剎那驚豔為永恆的燦爛，良可觀也！

　　古代的人不得辦法見佛，吾人生在科技發達的現代，感謝能可以隨時透過照片憶佛、念佛。這本攝影集設計成可以將相應的畫面撕下裱背，功能即在此。甚至非佛教徒，或者沒能來到佛光山和佛陀紀念館者，又或純為欣賞攝影藝術者，也能藉此體會佛光之美。是為序。

星雲　佛光山開山宗長

# 拍照　給人歡喜

　　來過佛光山的人都說：「佛光山的特色就是歡喜。」歡喜從哪裡來？從一個微笑，從一杯茶，從一個合掌，還有一張「照片」來。照片如何給人歡喜呢？

　　來佛光山拜訪星雲大師的人，都希望能和星雲大師合照留念。拍完照之後呢？大家總是期待有一天能夠拿到照片。「有一天」是什麼時候呢？

　　佛光山有一位法師，他謙稱自己不是專業攝影師，但是他總是在幫大師和客人拍完照之後，以最快的速度輸出，然後送到客人面前。當客人拿到「熱騰騰」的照片，驚訝、歡喜的表情，令人難忘，原來期待的「有一天」會這麼快！而這位給大家驚訝、歡喜的法師，就是慧延法師。

　　慧延法師很多人一定都看過，因為佛光山只要舉辦法會、活動，或是星雲大師會客，總會看到一位法師背著攝影器材，身手靈巧的跑上跑下，鑽來鑽去。他甚至為了「空中拍攝」，請教專人，試驗期間還摔壞了好幾架「遙控飛機」，為的就是捕捉瞬間的美好，給人歡喜，更是為佛教、佛光山留下歷史。

　　這些年來，每當我編書、出版雜誌……，需要照片，總是會想到他。雖然他謙稱自己拍的照片只能稱為「活動照」，因為他非科班出身，也沒有運用很高深的技術，然而他的攝影作品，不僅給人帶來歡喜，還多了一份「佛心禪意」。記得二〇一二年，星雲大師為了鼓勵徒眾展現平日少見的藝術天分，特別在一年一度的徒眾講習會期間，舉辦《海會雲來集──佛光山僧眾聯合展》。其中有一幅是慧延法師拍的〈師徒情〉，畫面中星雲大師和弟子們漫步於佛陀紀念館，背後佛光大佛若隱若現。師徒之間的道情法愛，在慧延法師的鏡頭下表露無遺。

　　香海文化慧眼識英雄，要出版慧延法師的攝影集。攝影集共五篇，分別為星雲大師篇、佛光山篇、佛陀紀念館篇、活動篇及煙火篇，篇篇精采，各具特色。祈願有緣看到這本攝影集的人都能心生歡喜，進而領略「佛光之美」，會意慧延法師的「佛心禪意」。是為序。

　　　　　　　　　　　　　　　　　　　　　　　　　　　　　　　　　　*如常* 佛陀紀念館館長

# 靈山勝境「慧延」中

　　《紅樓夢》第四十回劉姥姥進得大觀園來，興嘆道：鄉下年節裡也會買個貼兒畫，總想著哪時也能到畫裡見識一番不知有多美，沒成想大觀園竟比那畫裡還強十倍。賈母一聽即命最小的孫女惜春給劉姥姥畫一張。祖母一句話，惜春得花上半年，才能畫成。

　　畫成大觀園得要半年，其實不盡然因著這園子的大而富麗，實則還有現代的我們想像不到的準備工夫，光看薛寶釵為惜春開的材料單子，各種尺寸的畫筆一百多枝、各種盛顏料的大陶小瓷淺碟深碗也要一百多個、各種礦石還要多少人工加工製成顏料、還有什麼木炭浮炭生薑水桶木桶⋯⋯種種備辦，還沒開始畫，已經眼花繚亂，而現在我們只要「咔嚓」一聲，什麼都齊全了。

　　劉姥姥想到畫上逛逛的心情，我第一次去佛光山玩，雖然已靠著拍照完成，及至後來親入寶山，總也看不夠。在《人間福報》時期，由於版面照片需求量大，常常求人也不是辦法，漸漸養成隨身攜帶相機，不放過每一個可拍之機的習慣。後來調回山上，這個習慣一時改不過來，而山上四時景物是如此可親可愛，於是我成了拍照狂人，除了早課不方便之外，我是打掃清潔也拍、往來寮房和辦公室的路上也拍、在辦公室也拍、跑香也拍、出坡也拍、鬱鬱黃花也拍、青青翠竹也拍，活動更是不放過地拍。

　　在活動場合，往往在舉起我的迷你 Panasonic 的同時，慧延法師一定也在場，不是在人群中穿梭，就是站在小得只剩下一個小黑點的高處，配備齊全，絕對專注。所謂術業有專攻，幾回合後，自覺和慧延法師的大作相比，我的連小品也談不上，他又不吝於分享他的作品，老是謙虛的要別人幫他看看這張好不好、那張好不好！既然有專業級的照片可以欣賞，加上工作上也不再需要了，遂改了隨手拍的習慣，我就整日學那劉姥姥，等著慧延法師又有什麼精采新作可以欣賞了。

　　我與慧延法師最早的結緣，是二〇〇一年迎佛指舍利來台，我和他都是前往大陸的工作人員中之一，他負責拍照，我寫新聞稿。合作過程中，他幾乎沒時間吃飯，因為除了要處理他的圖檔，還要幫電腦白痴的我將新聞稿傳回報社，在最緊要的時刻，解決我的問題，受人點滴感念在心。

　　後來的十多年，他一逕守在鏡頭前記錄著佛光山的一切。不碰鏡頭的時候，他有時是愛心畜牧業，照顧著山上的小動物。有時是自助菇農，照顧一大片菇寮，果然如百丈懷海禪師，過著農禪生活。

　　守分安住，造就他穩定的攝影風格；赤子童心，又為他的作品增添幾分靈動。過去有人問他的法號，老實的他時而自我解嘲式地回答：「我叫慧延，延長線的延。」惹來一陣歡笑，我倒是常覺得，他以慧心透過相機鏡頭，延長了這座靈山之可親可愛。

　　他的攝影作品，值得推薦給入寶山，卻抱憾不能帶走寶山靈氣的人；推薦給未入寶山，心嚮往之的人；推薦給將入寶山，預作功課的人；推薦給思入寶山，神馳心向的人。

佛光山香海文化執行長

# 虔誠掌鏡 動人故事

　　慧延法師十五年來用最虔誠的佛心，以最紀實的方式，拍出了佛光山和佛陀紀念館最動人的影像。多年來對攝影藝術深入研究探討，充分瞭解攝影本質和生命的傳承意義。法師將攝影的真、人間的善、佛館的美，以忠實的運鏡和美妙的光影，完成了讓人感動的畫面，都即將在出版的攝影集發表。

　　我很幸運能先睹為快，慧延法師的作品集，每一張作品都撼動我心，燦爛的煙火輝映出佛陀紀念館更加絢麗，也感受到所有信徒的付出，才能激盪出美麗的火花。佛陀紀念館的建館過程，也讓我看到了星雲大師一生風範，照亮佛陀紀念館，也照亮世間向善的心。星雲大師優雅的威儀，談笑風生的笑容，自然親切的待人，每張作品都讓我感動萬分。從佛光山看佛陀紀念館的任何角度，在慧延法師的虔誠掌鏡中，都有美麗動人的一篇篇故事。

　　「佛陀紀念館篇」的作品，法師以內心主觀意識創作出詩情意涵之作，讓觀者有寬廣的想像空間，讓信徒對佛光山的遠景充滿光明和希望。

　　出書是為了要讓世間帶來美好，這是人生何等高超境界，星雲大師是我的心靈導師，出版之前寫序，要為星雲大師和佛陀紀念館的法師獻上至高無上的敬意，也期待這本攝影集的出版，為所有信徒提升心靈層次和信心。


　　　　　　　　　　　　　　呂古山　　中華藝術攝影家學會名譽理事長
　　　　　　　　　　　　　　　　　　　台灣攝影學會榮譽理事長

# 一步一痕的美麗印記

多年以前，熱愛攝影的我，在因緣具足下，很幸運地參與佛光山舉辦的各項活動，並盡一己之所能為其留下歷史影像。

這些年來，為提升拍攝層次和拓展更寬廣的視野，我從不敢掉以輕心。除緊追著與時俱進的拍攝新技術，也不時在外進修有關攝影的課程，並且每次回佛光山，都興奮地跟喜愛攝影法師們一起分享拍攝心得與技巧，慧延法師是其一位，也是箇中的佼佼者。

慧延法師的好學，很讓我刮目相看。他善於舉一反三，把數位相機的無限可能發揮得淋漓盡致，更能從諸多變化中，拍出許多令我歎為觀止的作品。

空拍照片，是慧延法師的經典傑作。特別是在佛陀紀念館建造期間，他的空拍歷程，不但創造了令人瞠目結舌的可觀紀錄，更展現了讓人讚歎和佩服的驚人毅力。例如：為了從空中拍攝佛館，他摔壞了好幾台的相機，直到改用六軸遙控空拍機後才得以停損。但是，依然無法避免的是，他還是得在炎炎烈日下，汗流浹背地操控著空拍機，從空中拍攝佛館。有一次，我在慧延法師背後，觀看他空拍過程時，眼看著飛機飛著飛著，一個不留神，就在他的眼前摔機了，急得他團團轉，四處找飛機。

這些年來，我親睹慧延法師竭盡所能地，為所有佛光山相關的影像保存而努力，在敬佩中我也多了一份不捨。尤其是他頂著出家人的身分，有時也確實有很多不便之處，面對旁人異樣的眼光和誤解，如果不是具備強烈的使命感，實難達成。

不容諱言，數位時代的來臨，其實對相片保持與傳承是另一場的災難。或許很多人會認為誇大了，但從歐美先進國家都以傳統相機拍攝的底片來保存照片的作法，即可證明底片若保存妥當，至少有數十年的壽命；但現在數位攝影用光碟儲存，光碟片也只有短短幾年的壽命，而且目前使用的硬碟如轉速不對盤，一個不小心也很容易掛點，這時只能備份再備份。不過，若能沖洗成相片就很好，如果能出書，那當然就是絕佳的保存方式。

這次慧延法師將他多年拍攝的經典照片集結出書，我有幸能預先欣賞，無論是空拍照，還是活動照，甚至是星雲大師的言行說法……，這些都是佛光山非常珍貴和重要的歷史紀錄。我殷切地期待這本攝影集的出版，能讓更多人看到和感動，並永遠地傳承下去。

前任台灣攝影學會理事
佛光山人間通訊社資深攝影記者

# 為「佛光之美」出版

　　曾有人問及，怎樣拍才是最好的照片？其實，您認為對您最重要的照片，就是最好的照片。例如：一家人在佛館拍個闔家歡的大合照，那就是最美的回憶照片。父母為心愛的小貝比與可愛的小沙彌石像合照，這張小貝比笑得很甜的照片，就是父母最愛的相片。在五和塔舉行佛化婚禮，這張結婚照就是新婚夫婦得到最佳祝福的相片。

　　我是一位出家人，並非想成為攝影師。在　家師星雲大師的栽培下，學習了十五年的攝影，深知攝影是一門深奧的技術。然而，最重要的是，我所拍出來的照片，要能為常住所運用、為信徒所接受，要能為佛光山留下歷史紀錄，這就是我認為最美、最好的照片。在攝影界，這種攝影一般只能歸於活動照，並不去討論技術高深與否的問題。

　　是的，它就是一本活動攝影集。對佛光山以及信徒而言，如果有其歷史價值，這就達到出版的初衷了。因為「佛光人是常住第一，自己第二；大眾第一，自己第二；事業第一，自己第二；佛教第一，自己第二。」如果，我過於強調攝影技術，而忘了為佛光山留下完整、珍貴的歷史畫面，那就忘了我是出家人的本分了。

　　家師星雲大師常教導我們，要能為人所用，才是有用的人。所以這本書的照片編輯、設計以及裝幀，希望滿足信徒需要為先。哪一張照片您喜愛，就可以把它取下來裱框；無論是對大師的敬仰、供奉三寶，或是把煙火相片當作裝飾，都能圓滿您的願想，為您帶來莊嚴與歡喜。

　　出版此攝影集，也並非以行銷為考量，而是存在更深切的期待。我期盼擁有此攝影集的人，當他看到大師時，能更堅定信心，從大師的身行言教中，獲得啟發；看到佛光山時，發心護持三寶，回到法身慧命的家；看到佛陀紀念館時，能猶如身在佛國淨土。翻閱到各種活動照片時，心內的喜悅，猶如煙火的燦爛美麗。

　　世界的人、事、物，有沒有價值，但看每個人的主觀判斷。　家師星公上人提倡「人間佛教」，唯願給世間帶來安樂美好，我也希望這本《佛光之美》攝影集，能帶給讀者清淨、歡喜與幸福。

---

**慧延法師**

臺灣彰化縣人，俗姓黃。一九六八年出生，一九九五年禮星雲大師披剃出家，一九九六年十月於佛光山受具足戒，一九九七年佛光山叢林學院畢業。

曾擔任佛光山資訊中心副主任，規劃全山光纖及全球資訊網、護生組園長，照顧本山動物十年，並成立菇寮，栽培各種菇類供應全山。

現任都監院攝影組。曾參與星雲大師《雲水三千》、《百年佛緣》、《貧僧有話要說》等著作圖片編輯。

# 星雲大師

心懷度眾慈悲願
身似法海不繫舟
問我一生何所求
平安幸福照五洲

## 大師篇

　　一九二七年生，江蘇江都人，十二歲於南京棲霞山禮宜興大覺寺志開上人出家，曾參學金山、焦山、棲霞等禪淨律學諸大叢林。

　　一九四九年春來臺，主編《人生》雜誌等刊物。一九五三年創宜蘭念佛會，奠定弘法事業的基礎。

　　一九六七年創建佛光山，以人間佛教為宗風，致力推動佛教教育、文化、慈善、弘法事業。先後在世界各地創建三百多所道場，又創辦多所美術館、圖書館、出版社、書局、雲水醫院、佛教學院，暨興辦西來、佛光、南華、南天及光明大學等。一九七〇年後，相繼成立「大慈育幼院」、「仁愛之家」，收容撫育孤苦無依之幼童、老人，及從事急難救濟等福利社會。一九七七年成立「佛光大藏經編修委員會」，編纂《佛光大藏經》、《佛光大辭典》。並出版《中國佛教經典寶藏精選白話版》，編著《佛光教科書》、《佛教叢書》、《佛光祈願文》、《人間佛教叢書》、《百年佛緣》等。先後榮膺世界各大學頒贈榮譽博士學位，有智利聖多瑪斯大學、澳洲格里菲斯大學、美國惠提爾大學及香港大學等，並獲頒南京、北京、人民、上海同濟、湖南及中山等大學名譽教授。

　　大師弘揚人間佛教，以地球人自居，對於：歡喜與融和、同體與共生、尊重與包容、平等與和平等理念多所發揚，於一九九一年成立「國際佛光會」，被推為總會會長，實踐他「佛光普照三千界，法水長流五大洲」的理想。

2015 年 2 月 星雲大師至藏經樓指導工程

星雲大師（中）、慈容法師（左三）、妙廣法師（左二）、慧延法師（右二）

星雲大師（中）、慈容法師（右一）、如常法師（左二）

Beautiful

Buddha's

Light

一萬四千八百尊　佛光普照滿人間　　—— 2002 年

Beautiful

Buddha's

Light

**身心自在**

我看花　花自繽紛
我見樹　樹自婆娑
我覽境　境自去來
我觀心　心自如如　——2004 年

Beautiful

Buddha's

Light

「採高屏之砂石，取西來之泉水；

　集全台之人力，建最高之大佛。」　──── 2007 年

Beautiful

Buddha's

Light

一花一木都有生命
一山一水都有生機
一人一事都有道理
一舉一動都有因果　　──佛光山叢林學院　2002 年

Beautiful

Buddha's

Light

觀音放生池之興建，屢遭豪雨洪水沖毀。

星雲大師率弟子們「濡血護池」，始能如願完工。 ── 2007 年

Beautiful

Buddha's

Light

祈願眾生　平安吉祥　──── 2014 年

Beautiful

Buddha's

Light

放下，是只問奉獻付出，
不計較個人得失的菩薩道精神。 ── 2012 年

Beautiful

Buddha's

Light

佛光普照一家親，
金身合璧兩岸情。 —— 2015 年

Beautiful

Buddha's

Light

合掌人生 —— 2013 年

Beautiful

Buddha's

Light

星雲大師設計了佛館的風雨走廊，
是為了讓信徒及遊客不必雨淋日曬。　　——2011 年

Beautiful

Buddha's

Light

每當貴賓遠道而來，
星雲大師不顧年邁的身軀，
總是起身迎接。 —— 2013 年

Beautiful

Buddha's

Light

「師徒情」

佛陀、星雲大師與徒眾 —— 2012 年

Beautiful

Buddha's

Light

星雲大師於大悲殿丹墀，為佛學院學生開示。 ——— 2014 年

Beautiful

Buddha's

Light

「無緣大慈，同體大悲」的根本教義，
就是佛教尊重眾生，重視生權的最佳詮釋。 —— 2014 年

Beautiful

Buddha's

Light

星雲大師參訪吳哥窟。　　──2002 年

Beautiful

Buddha's

Light

一串念珠，一心祝福。　　—— 2014 年

Beautiful

Buddha's

Light

慈悲開示，淨化人心。　　—— 2014 年

Beautiful

Buddha's

Light

「我不是書法家，只要有人喜歡我的字，

提筆濡墨，都是為了給人歡喜。」 —— 2014 年

Beautiful

Buddha's

Light

「不要看我的字，要看我的心。」　　——　2014 年

Beautiful

Buddha's

Light

星雲大師寫一筆字義賣，起源於一九九四年，
為了籌募佛光大學建校基金，舉辦了
「佛光緣藝術精品義賣」。 —— 2014 年

Beautiful

Buddha's

Light

星雲大師至紐約雙子星，
為受難者及救難英雄灑淨，
由警察親自護送。　　—— 2001 年

Beautiful

Buddha's

Light

佛陀紀念館接引一切眾生。　　—— 2011 年

Beautiful

Buddha's

Light

Beautiful

Buddha's

Light

法界於心 —— 2014 年

# 佛光叢林

## 悲 智 願 行 僧伽搖籃

## | 佛光山篇 |

　　佛光山開山邁入五十年，在　家師星雲大師的籌建下，除了大雄寶殿外，也具備四大名山的殿堂，大悲殿、大智殿、地藏殿及普賢殿，代表「悲、智、願、行」的菩薩行。

　　佛光山先從教育著手，創建叢林學院培養人才，重視文化及佛教藝術，　家師星雲大師在開山之初即立四大宗旨：以文化弘揚佛法、以教育培養人才、以慈善福利社會、以共修淨化人心。

　　佛陀紀念館建設後，目前正在興建藏經樓，在　家師星雲大師的心中藍圖，「佛」——佛陀紀念館，「法」——藏經樓，「僧」——佛光山，三大建設完成後，這就是佛、法、僧三寶的人間淨土。

　　無論是信徒參拜佛光山，或者遊客參觀，不要只是看佛光山的建築群，更重要的是能否體會大師的佛法含義與慈心悲願。佛光山處處在說法，歡迎每個人前來細心體會。

Beautiful

Buddha's

Light

佛光山空拍全景　　—— 2013 年

Beautiful

Buddha's

Light

大佛城空拍 ———— 2013 年

Beautiful

Buddha's

Light

大雄寶殿 ── 2013 年

Beautiful

Buddha's

Light

大悲殿 ——— 2013 年

Beautiful

Buddha's

Light

觀世音菩薩 ——— 2013 年

Beautiful

Buddha's

Light

大智殿 —— 2013 年

Beautiful

Buddha's

Light

文殊菩薩 ——— 2013 年

Beautiful

Buddha's

Light

普賢殿 —— 2013 年

Beautiful

Buddha's

Light

普賢菩薩 —— 2013 年

Beautiful

Buddha's

Light

地藏菩薩 ── 2013 年

Beautiful

Buddha's

Light

動靜一如　禪堂跑香　——— 2014 年

Beautiful

Buddha's

Light

抄經堂 ——2014 年

Beautiful

Buddha's

Light

Beautiful

Buddha's

Light

歡喜迎春 ——朝山會館 2007 年

Beautiful

Buddha's

Light

接引一切眾生 —— 2002 年

Beautiful

Buddha's

Light

千百億化身 ──── 2007 年

Beautiful

Buddha's

Light

心定和尚浴佛 —— 2003 年

Beautiful

Buddha's

Light

心培和尚領眾課誦　　—— 2007 年

Beautiful

Buddha's

Light

佛光山寺現任住持　心保和尚　——2015年

Beautiful

Buddha's

Light

信徒於大雄寶殿，虔誠洗佛像。　　—— 2014 年

# 美哉佛館

佛在靈山莫遠求
靈山就在汝心頭
人人有個靈山塔
好向靈山塔下修

## 佛陀紀念館篇

　　家師星雲大師花費了十年，完全依照佛陀講經說法，初轉法輪四聖諦，演說八正道，而建設成佛陀紀念館。

　　這十年建設，我慶幸能參與拍照，留下歷史紀錄。過程中，最艱難，最不為一般人所認同的，就屬為了拍攝建造大佛過程而需要使用的「空拍技術」。

　　當時，　家師交代，要把佛光大佛的建造過程拍下來，包括從空中拍攝。因為在佛光山的歷史上，佛光大佛可能是僅有的，沒有第二次機會。

　　當時一聽，我的佛呀，要從空中拍攝，怎可能天天請飛機來拍？所幸，在藍天模型鄭偉仁先生熱心介紹，拜訪了屏東空拍達人江敬業老師。江老師一口答應，馬上願意教我操控保利龍做的遙控飛機。足足學了十八天，摔壞數架飛機後，終於順利進行空拍，但是由於技術不成熟，在空拍初期，還是摔壞，甚至飛到不見了，總共損失五架飛機連同相機。

　　花錢事小，還得忍受他人的異樣眼光和嘲諷，「看呀，出家人也玩飛機哋……」但是，日子久了，那些工人漸漸理解，這個出家人不是玩飛機，而是為了記錄大佛的建造過程，而我也在一張張歷史照片中，獲得釋然和歡喜。

Beautiful

Buddha's

Light

佛光普照 —— 2015 年

Beautiful

Buddha's

Light

從高屏溪對岸拍攝佛陀紀念館正面 —— 2013 年

Beautiful

Buddha's

Light

大佛的佛手，運抵佛陀紀念館。　　—— 2011 年

Beautiful

Buddha's

Light

大佛的髮髻，運抵佛陀紀念館。　　—— 2011 年

Beautiful

Buddha's

Light

佛陀紀念館的禮敬大廳 —— 2015 年

Beautiful

Buddha's

Light

佛陀紀念館側面拍攝　——　2013 年

Beautiful

Buddha's

Light

如如不動 —— 2012 年

Beautiful

Buddha's

Light

佛光小姐　為您親切服務　——　2012 年

Beautiful

Buddha's

Light

佛陀紀念館側空拍全景 —— 2013 年

Beautiful

Buddha's

Light

禮讚佛陀萬人音樂會，遊覽車圍繞佛陀紀念館四周。　　—— 2013 年

Beautiful

Buddha's

Light

上求佛道　下化眾生　　——　2011 年

Beautiful

Buddha's

Light

佛陀紀念館的夕陽 —— 2013 年

Beautiful

Buddha's

Light

大佛的掌上明珠　——　2011 年

Beautiful

Buddha's

Light

日落餘暉 ──── 2011 年

Beautiful

Buddha's

Light

空拍佛陀紀念館的日出 —— 2013 年

Beautiful

Buddha's

Light

從大佛背後拍攝佛陀紀念館的夜景　　—— 2011 年

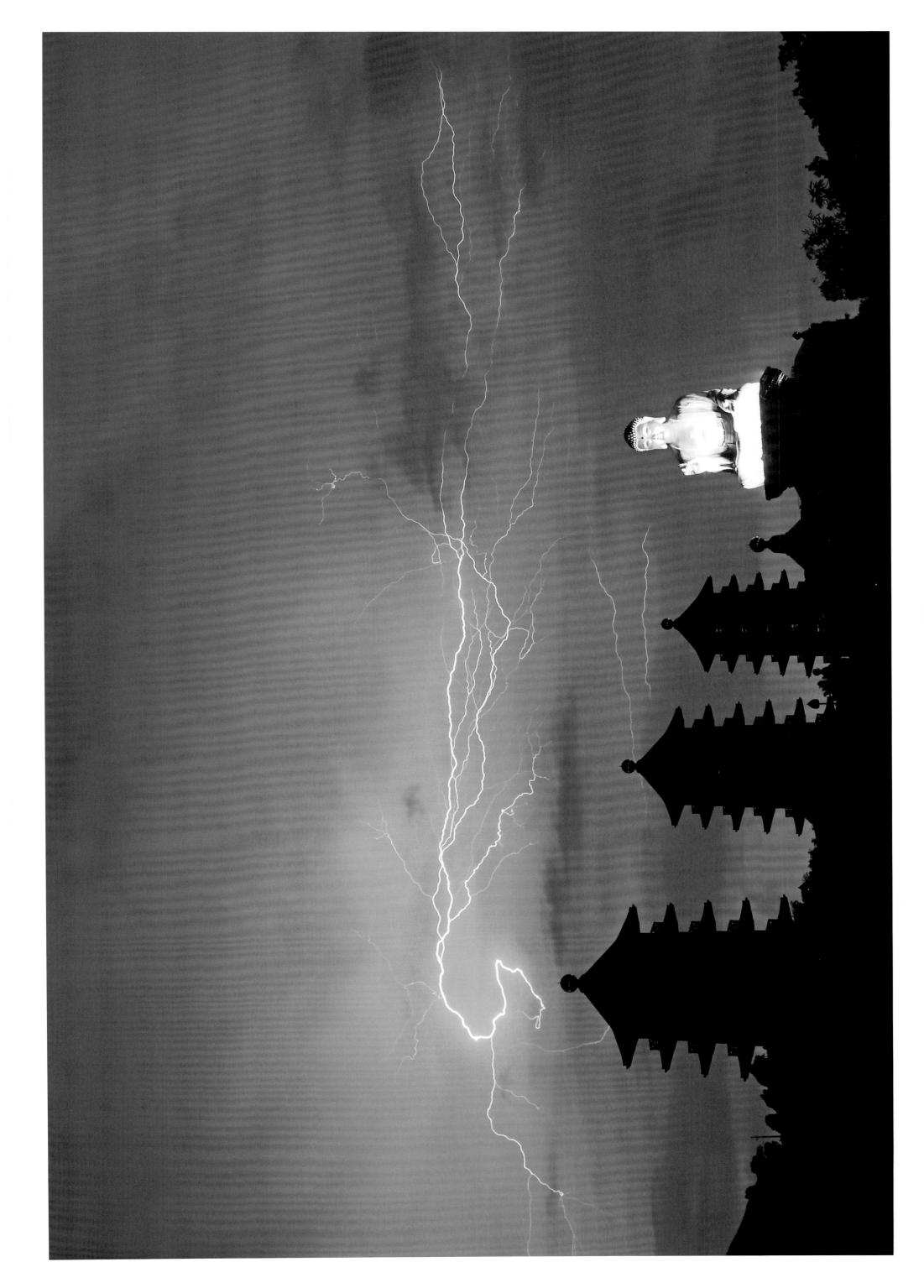

Beautiful

Buddha's

Light

如露亦如電 —— 2013 年

Beautiful

Buddha's

Light

雲來集 —— 2011 年

Beautiful

Buddha's

Light

雙閣樓夜景 —— 2014 年

Beautiful

Buddha's

Light

星雲大師至藏經樓指導工程　　—— 2015 年

# 弘法共修

宴坐水月道場
降伏鏡裏魔軍
大作夢中佛事
廣度如幻眾生

## ｜活動篇｜

　　活動不只是大眾集會，更是修行，　家師星雲大師說，凡是有益於身心淨化作用的團體活動，都可稱為「共修」。

　　在這篇的相片中，可以看到各種活動，都是在推展人間佛教，倡導世界和平，各宗教融和，不分種族，世界各國人士都可以參加。

　　還可以看到佛光山大眾的集體創作，像全山出普坡，只為了春節時，給信徒遊客能到佛光山來禮佛祈求平安，能從法會活動中，了解佛法。

　　佛陀紀念館舉辦神明朝山聯誼會，促進各宗教的融和。佛化婚禮菩提眷屬祝福禮，祝福所有佛化家庭都能幸福。剃度典禮，度化世界各國的佛子，投入弘法利生行列。佛光會的禪淨共修，淨化人心。行腳托缽，不只是種福田的因緣，大師勉勵大家要：走出國家富強的道路，走出社會和諧的道路，走出佛教興隆的道路，走出佛子正信的道路。

　　星雲大師堅持「非佛不作」，所有活動必是以佛法為中心。

　　「非佛不作」才能度化眾生。

　　「非佛不作」才能散播佛法。

　　「非佛不作」才能淨化人心。

　　「非佛不作」才能增進信仰。

Beautiful

Buddha's

Light

星雲大師帶領全山徒眾，巡禮佛陀紀念館用地。　　—— 2003 年

Beautiful

Buddha's

Light

佛光山寺
2014.1.27

Beautiful

Buddha's

Light

歡喜融和 —— 2014 年

Beautiful

Buddha's

Light

佛誕節浴佛法會 —— 2001 年

Beautiful

Buddha's

Light

佛性無差別 ——— 2000 年

Beautiful

Buddha's

Light

行腳托缽殊勝行 —— 2000 年

Beautiful

Buddha's

Light

春節前出坡洗地 ——— 2012 年

Beautiful

Buddha's

Light

菩提眷屬祝福禮 ——— 2000 年

Beautiful

Buddha's

Light

水陸法會 ——— 2014 年

Beautiful

Buddha's

Light

春節遊行　　──　2015 年

Beautiful

Buddha's

Light

高雄巨蛋　禪淨共修法會　—— 2014 年

Beautiful

Buddha's

Light

Beautiful

Buddha's

Light

國際佛光會全國金剛知賓檢閱 ——— 2014 年

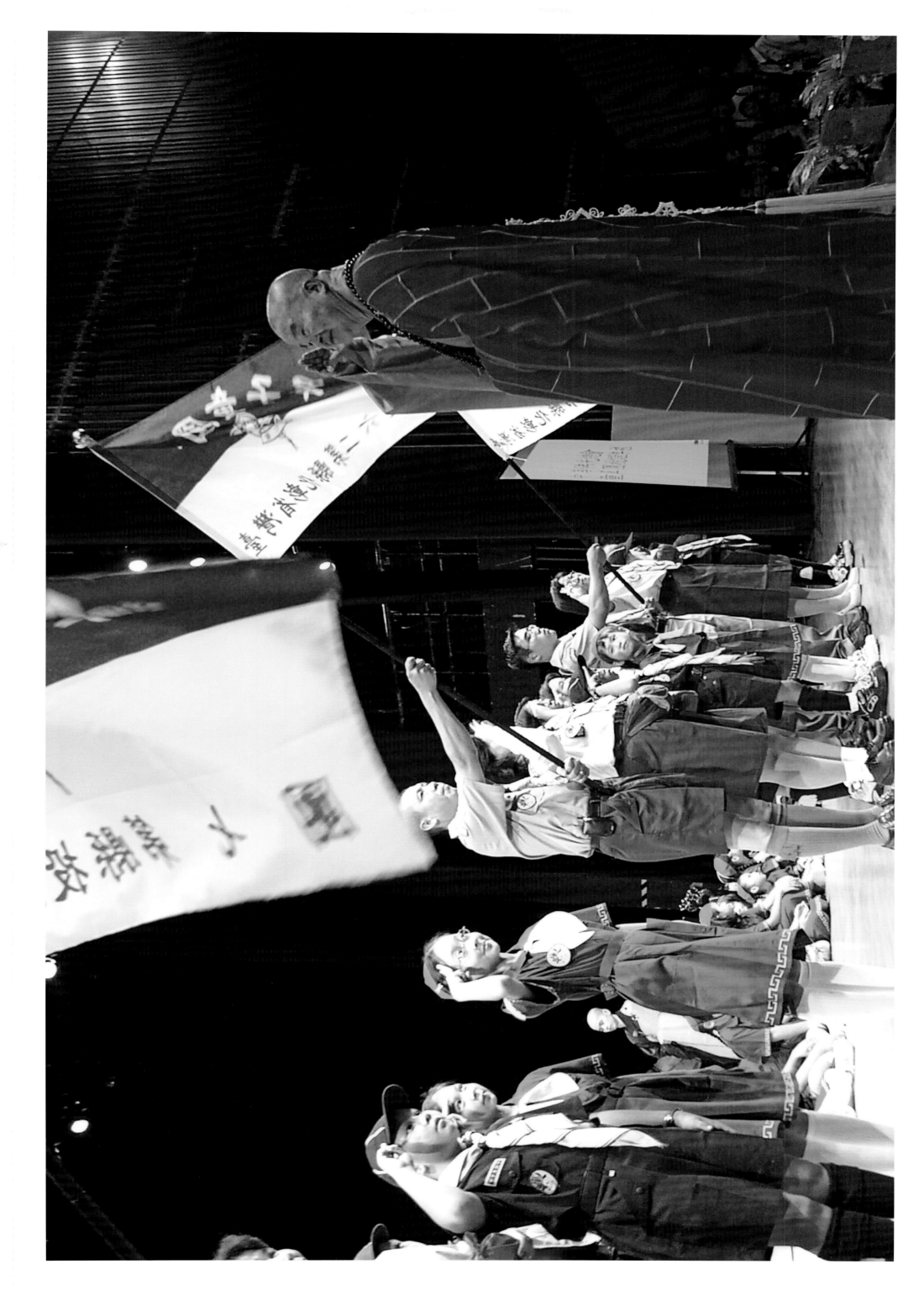

Beautiful

Buddha's

Light

星雲大師於國父紀念館童軍授旗　　── 2000 年

Beautiful

Buddha's

Light

「三好盃」籃球賽　星雲大師開球　—— 2012 年

Beautiful

Buddha's

Light

國際自由車環台賽　佛陀紀念館站　——　2015 年

Beautiful

Buddha's

Light

國際佛光會世界大會 ── 2014 年

Beautiful

Buddha's

Light

神明朝山聯誼會　菲律賓聖嬰團　　——　2014 年

Beautiful

Buddha's

Light

神明朝山聯誼會 —— 2013 年

Beautiful

Buddha's

Light

恭迎佛指舍利來台 ── 2002 年

Beautiful

Buddha's

Light

南非南華寺天龍隊直排輪表演「祥龍獻瑞」 —— 2015 年

Beautiful

Buddha's

Light

掛平安燈 ——— 2015 年

# 石火電光

石火電光時幾何
盼在有限時空
觀照無限生命

## | 煙火篇 |

　　有人説拍煙火需要很好的攝影技術。我拍煙火也只不過三年，正確而言，只是三次春節而已。然而，我由一位技術高超、卻不願出名的莊美昭師姐指導，簡單地教我幾招，就讓我拍得不亦樂乎了。

　　佛光山還有一位遠從美國回來，資歷最深、技術最好的攝影師，那就是陳碧雲師姐。可以説是第一把交椅了，不用我多介紹，歡迎大家從她的臉書裡欣賞她的作品，可説是精采極了。

　　拍攝煙火的技術固然重要，但地點的選擇，更是關鍵。從這些煙火相片，可以看出是在許多不同地點拍攝。有的在高屏溪對岸二公里外拍攝，有的在魚塭拍攝，有的在大佛後面高地，甚至為了拍倒影，必須蹲在生態池的泄水口，踩在軟軟的鐵絲上，不敢亂動才能拍到，甚至靠在山壁上，小心翼翼，忍受蚊蟲叮咬。更甚者，冒生命危險，踩著工程用的臨時垂直木梯，一步一步，戰戰兢兢地爬上去拍，才能留下這些歷史鏡頭，後來有些危險定點，也隨著工程的完工而拆除，再也拍不到了。

Beautiful

Buddha's

Light

萬丈毫光 —— 2015 年

Beautiful

Buddha's

Light

以池水倒影拍攝煙火　　——　2015 年

Beautiful

Buddha's

Light

沙彌看煙火 —— 2015 年

Beautiful

Buddha's

Light

佛光山的除夕煙火　　—— 2013 年

Beautiful

Buddha's

Light

大雄寶殿前，施放煙火。　　—— 2015 年

Beautiful

Buddha's

Light

三陽和諧 —— 2015 年

Beautiful

Buddha's

Light

蜂擁人潮，手機海。　　—— 2015 年

Beautiful

Buddha's

Light

從藏經樓工地拍攝煙火 —— 2015 年

Beautiful

Buddha's

Light

以水晶球攝影法拍攝煙火 —— 2015 年

Beautiful

Buddha's

Light

用魚眼鏡頭拍攝煙火 ——— 2015 年

Beautiful

Buddha's

Light

「高通通」看煙火 —— 2015 年

Beautiful

Buddha's

Light

從禮敬大廳拍攝煙火 —— 2014 年

Beautiful

Buddha's

Light

從大樹統嶺坑拍攝煙火 —— 2013 年

Beautiful

Buddha's

Light

從大佛背後高地拍攝煙火 —— 2013 年

Beautiful

Buddha's

Light

天雨寶華　　──　2014 年

Beautiful

Buddha's

Light

佛佛道同　光光無礙　——　2014 年

Beautiful

Buddha's

Light

彌指煙花　剎那永恆 —— 2014 年

Beautiful

Buddha's

Light

華嚴世界　星河　──── 2014 年

Beautiful

Buddha's

Light

從高屏溪對岸拍攝煙火 ── 2013 年

Beautiful

Buddha's

Light

從佛光塔拍攝煙火 ——— 2013 年

佛光之美
攝影集

總　監　修　如常法師
作　　　者　慧延法師
主　　　編　賴瀅如
編　　　輯　田美玲、吳曉惠
美 術 設 計　林紫婕

出版・發行　香海文化事業有限公司
發　行　人　慈容法師（吳素真）
執　行　長　妙蘊法師
地　　　址　241新北市三重區三和路三段117號6樓
　　　　　　110臺北市信義區松隆路327號9樓
電　　　話　(02)2971-6868
傳　　　真　(02)2971-6577
香海悅讀網　www.gandha.com.tw
電 子 信 箱　gandha@gandha.com.tw
劃 撥 帳 號　19110467
戶　　　名　香海文化事業有限公司

總 經 銷　時報文化出版企業股份有限公司
地　　　址　333桃園縣龜山鄉萬壽路二段351號
電　　　話　(02)2306-6842
法 律 顧 問　舒建中、毛英富
登 記 證　局版北市業字第1107號

定　　　價　新臺幣 1500 元
出　　　版　2015年8月初版一刷
I S B N　978-986-6458-89-7
建 議 分 類　佛教藝術｜攝影集

國 家 圖 書 館 出 版 品 預 行 編 目（ C I P ）資 料
佛光之美攝影集 / 慧延法師 作；--初版.--臺北市：
香海文化.2015.08　ISBN 978-986-6458-89-7(精裝).--
224.56　　　　　　　　　　　　　　　　104012391